# L'ORACLE *des* VISIONS

**Du même auteur, chez le même éditeur :**

*Encore Tarot*, 2021.

*Le tarot simplifié*, 2021.

*Le tarot onirique*, 2021.

*L'héritage du tarot divin*, 2019.

*Les rêves enchantés de Lenormand*, 2019.

Titre original : *Oracle of Visions*

Publié pour la première fois par U.S. Games Systems, Inc.



Traduit de l'anglais par Marie-Noëlle Antolin.

ISBN : 978-2-36188-438-3



www.editions-tredaniel.com

info@guytredaniel.fr

www.facebook.com/editions.tredaniel

@editions_exergue

@tredaniel_eso

CIRO MARCHETTI

# L'ORACLE *des* VISIONS

ÉDITIONS
EXERGUE
27, rue des Grands-Augustins
75006 Paris

*Si l'art sert à autre chose qu'à simplement décorer,*
*c'est à amener à la conscience,*
*même pour une seule occasion,*
*ce qui aurait pu passer inaperçu.*

# SOMMAIRE

# PRÉFACE

Pendant les dix années qui viennent de s'écouler, je me suis impliqué dans le monde du tarot et j'ai créé trois coffrets. Malgré des tentatives d'apporter des touches personnelles et des variantes à ces projets, ils adhèrent tout de même en grande partie et par défaut à la structure et au format qui définissent le genre. Néanmoins, comme je le précise dans la dernière partie de ce livret, j'ai trouvé le processus extrêmement réducteur et j'en ai conclu que la création d'un coffret de cartes oracle offrait une bien plus grande flexibilité en me donnant l'opportunité de créer un outil universel de divination et de méditation. Grâce à son manque de format et de structure préconçus, il fournit l'occasion d'une production plus créative et personnelle. Cet *Oracle des visions* est le fruit de ma bifurcation vers cette opportunité.

En fouinant dans les rayons de spiritualité de votre librairie habituelle, vous trouverez sans doute de nombreuses options de coffrets de cartes oracle aux thématiques variées : déesses, fées, anges, affirmations positives ou autres domaines chers au système New Age. Les déesses et les anges, avec leurs attributs communs, servent d'archétypes pour certains dons, caractéristiques et vertus. Mais au-delà des plus connus, on est obligé d'apprendre à se familiariser avec les nombreuses autres déesses du coffret (et avec leurs attributs) pour être capable de l'utiliser. Les différentes qualités associées à chaque déesse, fée ou autre personnage ne sont pas apparentes, à moins de lire les explications qui lui correspondent.

Mon intention était de créer un lot d'images qui parleraient d'elles-mêmes sans nécessiter de texte explicatif pour communiquer les significations possibles, un coffret consistant en un ensemble de points de départ sur lesquels appuyer les interprétations à partir d'un niveau purement intuitif. De plus, ces images seraient neutres pour la plupart, leur objectif n'étant pas d'offrir un effet positif de bien-être constant ni un encouragement à l'autotraitement (bien qu'elles puissent effectivement vous l'offrir, si vous les voyez sous cet angle). Elles peuvent s'interpréter d'elles-mêmes de manière assez variée, avec des conclusions souvent contrastées, voire contradictoires, selon les spécificités de chaque séance. J'espère que cet *Oracle des visions* remplira cet objectif.

La vie est un labyrinthe en constante évolution, pleine de choix à chaque tournant, avec des conséquences pour chaque décision prise. Une meilleure prise de décisions requiert le point de référence de l'expérience, de l'intuition et de la comparaison. Ce que nous avons de mieux à faire est de réfléchir aux circonstances de notre vie, d'évaluer les scénarios possibles et de considérer les différents facteurs qui s'y rapportent.

Nous le faisons en utilisant nos instincts ainsi que nos actions confirmées. Au besoin, nous évaluons les ramifications de nos décisions et de nos actions à la fois pour nous-mêmes et pour ceux qui sont directement ou indirectement concernés. Finalement, malgré tout ça, nous devons être conscients du fait que, en dépit de nos meilleures intentions, il n'existe aucune garantie que nos choix seront les bons.

Les images de *L'Oracle des visions* se séparent vaguement en quatre catégories : Situations, Émotions, Actions et Comportements. J'avais pensé au début en faire des catégories strictes, mais j'ai vite réalisé que ce serait imposer une restriction contre-productive. Les images devaient pouvoir s'appliquer à plus d'une catégorie, par exemple une carte décrivant « la peur » (émotion) pourrait également communiquer « le danger » (situation). De même, une carte décrivant « les souvenirs » (concept) pourrait aussi servir à communiquer le fait de « se souvenir » (action). En renonçant à ces catégories, chaque carte était libre de servir plusieurs rôles.

Par extension, il est inutile de prendre en compte l'inversion dans une interprétation puisque le potentiel pour de telles variations est contenu dans les images elles-mêmes.

C'est pour cela que j'ai choisi de ne pas inclure de mots-clés ni de titres sur les cartes. Je crois que cela ne ferait que restreindre leur compréhension. En omettant toute signification préconçue, ce sera bien plus facile pour vous, utilisateur, de les interpréter différemment selon le contexte de chaque séance particulière. J'ai numéroté les cartes, mais uniquement pour fournir un point de référence pratique. Il n'y a aucune signification voulue de ma part quant au choix des numéros attribués, sauf pour le 21 de Dame Chance (je n'ai pas pu résister).

Il n'y a visuellement aucun thème courant. Mon penchant personnel pour les bouffons, les masques et les mécaniques, ainsi que pour les faux costumes et personnages victoriens se retrouve un peu partout et il n'y a pas de signification particulière quant aux cartes où ils sont employés. En général, les bouffons, masques et allusions au théâtre sont des archétypes. Les personnages et comédiens masqués servent comme généralisations ou en tant qu'individus. Ils sont à la fois dans un rôle et dans l'anonymat, ce qui permet de représenter plus facilement le sujet de l'interprétation.

Comme dans une grande partie de mon travail (y compris dans mes précédents coffrets de tarot), les mécaniques servent de métaphores du contrôle partiel de notre destin. Une Roue de Fortune peut représenter le cycle des hauts et des bas spirituels et mystiques de la vie, mais sous sa forme de machine fabriquée par l'homme, elle suggère aussi que nous ayons des boutons et des leviers qui nous appartiennent et que nous pouvons ajuster sur notre route. L'esprit victorien est un assouvissement décoratif qui s'aligne visuellement sur le style « steampunk » (ou « retrotech », comme je le décris toujours) de mes mécaniques et leur donne un décor complémentaire. Ce que les images ont en commun est, je l'espère, qu'elles appellent toutes à leur manière une interprétation et demandent à recevoir une signification.

J'espère que ces images seront applicables aussi bien aux questions importantes qu'aux nuances quotidiennes de nos vies. Si elles ont un fil directeur, c'est surtout le thème du choix : les choix déjà faits, les choix à faire, leur timing et les influences qui entrent en ligne de compte. Nos vies sont remplies de nos prises de décision et de leurs conséquences. Ces images offrent une perspective sur la manière d'arriver à ces décisions et d'envisager leurs conséquences pour nous et pour les autres. Notre façon d'évaluer nos options est influencée par une myriade de facteurs, dont font partie l'intérêt personnel, les questions morales, la peur, l'anticipation, les valeurs de récompense et les conséquences de la punition.

Historiquement, les images du tarot reconnaissaient cet élément du choix, par ailleurs lourdement représenté dans l'iconographie et le programme de la doctrine religieuse sur la meilleure manière de vivre sa vie. Il était encouragé par les promesses et menaces correspondantes pour l'au-delà, bien qu'il y ait aussi une grande emphase sur le rôle du destin. La lutte entre les forces du bien et du mal rivalisant pour ravir notre âme était souvent un conflit joué par nos déités dans notre intérêt et au-delà du contrôle des mortels. De ce point de vue, on pouvait considérer les humains comme de simples figurants dans le grand théâtre de la vie, obéissant à un scénario prédéterminé.

De nos jours, nous avons conscience d'avoir plus de choix dans nos vies qu'on n'en avait autrefois. C'est clairement une généralisation excessive qui, hélas, ne peut s'appliquer à une majorité de personnes dans le monde, même aujourd'hui. Mais cela concerne la grande majorité de ceux qui auront accès à ce coffret. Nous avons de nombreuses libertés de choix qui n'auraient tout simplement pas pu exister en des périodes moins complexes du passé. Où vivre et travailler, avec qui partager nos vies, combien d'enfants nous voulons et à quel moment, quelles croyances religieuses et opinions politiques nous préférons suivre, ne sont qu'une partie des options qui nous sont offertes et n'auraient pu l'être autrefois. Les images de ce coffret reflètent ces libertés de choix que nous avons aujourd'hui, ainsi que les considérations et responsabilités qu'il nous faut appliquer en les utilisant.

Dans les pages qui suivent, je donne un bref résumé de mes propres descriptions et significations de chaque carte, avec quelques suggestions opposées à l'occasion quand elles s'y appliquent. Cela peut servir de point de départ à partir duquel je vous invite et vous encourage à dévier. Vous commencerez à interpréter à partir de là. Qu'est-ce que l'oracle aura à dire ? Le voyage avec ces cartes sera le vôtre comme il a été le mien ; mais je suis heureux que vous ayez une profusion d'images pour vous accompagner.

# LES CARTES

# Un nouveau départ
# Libérez-vous du passé

*Vous pouvez vivre un nouveau départ à tout moment,*
*car cette chose que l'on nomme « échec » n'est*
*pas une chute, mais une stagnation.*

ANONYME

## – CARTE 1 –

Pour sortir de l'échec ou simplement pour élargir et explorer de nouveaux horizons, nous faisons le choix de laisser le passé derrière nous. Que ce soit sous la forme d'objets conservés pour leur valeur matérielle ou symbolique, de relations, de carrières, d'environnements familiers ou même d'idéaux personnels, il faudra à un certain moment les abandonner comme l'arbre se dépouille de ses feuilles, afin de nous libérer et de pouvoir grandir. Trois cartes sont tombées au sol, chacune d'elles étant un Fou d'un de mes coffrets de tarot. Leurs esprits sont libérés de leur boîte comme des colombes pour un nouveau départ.

Assurez-vous que le moment soit venu pour vous d'avancer. Votre situation présente est-elle bien complétée, ou l'abandonnez-vous avant son accomplissement ?

Cherchez des interprétations supplémentaires pour cette carte pages 117-121.

# Appartenance
# Acceptation
# Assimilation

*La joie principale de la vie est l'acceptation, l'approbation, le sentiment d'appréciation et de camaraderie de nos compagnons humains.*

JOSHUA LIEBMAN

## – CARTE 2 –

Notre sentiment d'appartenance et d'acceptation par les autres requiert l'affirmation. La reconnaissance de nos pairs est une motivation irrésistible et une récompense pour notre participation. Nous pouvons avoir à démontrer notre allégeance pour cela, dans une certaine mesure. Certains communiquent leur allégeance et leur engagement par des marques corporelles, d'autres par des expressions plus éphémères comme la mode et un code vestimentaire, d'autres encore par leur conduite ou leurs habitudes. Quelle que soit leur forme, ce sont toutes des variantes du même objectif de base, à savoir une confirmation de « Je suis cela et j'adhère », qui donne en retour « Tu es cela et nous t'acceptons ».

La femme à la coiffure sophistiquée modifie son apparence avec ce déguisement pour s'intégrer. Le masque en forme de bec transforme son personnage visuel, quand son maintien et sa posture achèvent la confirmation de sa transformation spirituelle. Elle fait un avec ceux qu'elle a rejoints.

Dans notre enthousiasme et notre désir d'acceptation, nous devons veiller à rester nous-mêmes. Sommes-nous vraiment à l'aise avec le « moi » que nous revendiquons ou est-ce un rôle forcé, contraint et finalement intenable ?

# Rêves
# Méditation
# Évasion spirituelle

*Certaines couleurs existent en rêve, qui ne sont pas présentes dans le spectre de veille.*

TERRI GUILLEMETS

## - CARTE 3 -

Nos rêves nous offrent une réalité altérée. Sans limites ni entraves, nous sommes libres de voler avec les anges ou de plonger dans les abîmes démoniaques. Imaginer, créer, sortir de la norme, s'émerveiller, se demander « et si... » et se réveiller revigoré en se disant « pourquoi pas ? ».

Une bouffonne est assise sur une boîte magique, vêtue d'un bonnet de nuit et de mules. C'est l'heure de se reposer et de s'évader. Autour d'elle flottent des attrape-rêves magiques, qui capturent son imagination à la dérive. Diverses créatures grimpent aux perches adjacentes, chacune étant symboliquement associée aux rêves dans une culture différente.

Méfiez-vous d'une interprétation erronée des rêves, ils peuvent être de vraies visions ou simplement des mirages de la vérité qui nous éloignent trop de la réalité.

# Perspective
# Points de vue

*J'étais hier comme toi aujourd'hui, et je sais que ce n'est pas facile de rester calme quand tu vois ce qui se passe. Mais prends ton temps, réfléchis bien. Oui, pense à tout ce que tu as. Car tu seras encore là demain, mais tes rêves peut-être pas.*

PAROLES DE *FATHER AND SON*, DE CAT STEVENS

# – CARTE 4 –

Il n'y a peut-être ni bien ni mal. La vue est la même, mais la perception est différente. Des idées et une expérience nouvelles se partagent les mêmes yeux, mais une vision différente.

Deux manifestations de la même personne partagent un point de vue commun : l'une avec la fraîcheur et l'innocence ferventes de la jeunesse, l'autre avec la maturité plus calme et sobre de l'expérience. Elles saisissent le même masque à l'unisson, leurs destins sont entremêlés et finalement inséparables. À un moment donné, elles auront la même vision.

Envol de l'imagination
Saut de confiance
Faire un nouveau pas

*Dans vingt ans, tu seras plus déçu par les choses*
*que tu n'auras pas faites que par celles que tu auras faites.*
*Alors, défais tes cordages. Sors du port et prends le large.*
*Attrape les alizés dans tes voiles.*
*Explore. Rêve. Découvre.*
H. JACKSON BROWN

## – CARTE 5 –

Si vous faites ce saut de confiance, imaginez les endroits où vous pourrez aller… mais que vous ne verrez jamais si vous n'essayez pas. Nous pouvons rêver, espérer, puis faire ce saut, mais il comporte des risques. Néanmoins, nous n'avons pas à jouer les Fous du tarot en nous jetant innocemment d'une falaise. Nous pouvons au contraire estimer le scénario et les dangers, et nous préparer. Nous pouvons nous entraîner ou nous éduquer, nous informer, prendre des précautions et ainsi augmenter nos chances de succès.

# Tranquillité
# En paix

*Je vais dans la nature pour me calmer,*
*me soigner, et retrouver mes sensations.*

JOHN BURROUGHS

## – CARTE 6 –

Nous avons connu une période difficile, mais les défis sont terminés. Les épreuves sous leur multitude de formes, que ce soient les tracas financiers, les problèmes de santé, les relations mouvementées ou les préoccupations pour nos proches, nous ont affaiblis physiquement ou éprouvés spirituellement. Maintenant, par l'acceptation ou la résolution, nos problèmes appartiennent au passé. Nous avons besoin de l'étreinte réconfortante du repos. Il est temps de récupérer et de recouvrer notre vitalité.

Une femme drapée dans un tissu violet est lascivement allongée. Une lumière divine ou un esprit repousse les ombres de ses problèmes. Elle flotte doucement au-dessus d'un jardin zen de cerisiers en fleur.

# Infinité
# Sans limites
# Persévérance

*Les choses difficiles prennent du temps,*
*les choses impossibles un peu plus.*
ANDRÉ A. JACKSON

## – CARTE 7 –

Le concept abstrait de l'infinité trouve ici une référence visuelle. Cette carte représente les possibilités illimitées que recouvre l'infinité.

En tapant sur des touches au hasard, un singe pourrait finalement les mettre dans l'ordre précis nécessaire pour reproduire l'œuvre complète de Shakespeare. Cette curieuse théorie fonctionne malgré ses chances infimes, parce qu'elle définit l'infinité en d'autres termes que ceux d'une probabilité abstraite. Elle fournit suffisamment d'essence de possibilité pour être quantifiée et comprise, même si ce n'est que dans les rouages de notre imagination. Mais nous sommes libres d'imaginer tant d'autres scénarios improbables. Il est tentant de considérer que tous les buts et ambitions personnels, même totalement utopiques, peuvent finalement se réaliser, avec les mêmes critères que notre analogie shakespearienne. La seule limite à leur accomplissement est une question de temps et d'effort.

# Buts
# Dévouement
# Processus

*Quand nous sommes motivés par des buts qui ont une grande signification, par des rêves qui demandent à se réaliser, par un amour pur qui a besoin de s'exprimer, alors nous vivons vraiment notre vie.*

GREG ANDERSON

## – CARTE 8 –

Dans un sens métaphysique plus large, on dit que notre parcours de vie est rempli de transformations d'un état imparfait et corruptible vers un état parfait, sain et durable. Ce qui ne nous tue pas nous rend plus forts. Donc, les changements douloureux ou difficiles que nous endurons peuvent, en théorie, nous polir dans un sens spirituel pour obtenir un éclat doré et puissant. Nous pouvons aussi rechercher la connaissance, l'opportunité et le défi ; il n'est pas nécessaire de laisser les événements simplement survenir.

Dans cette scène, un alchimiste sert d'analogie pour illustrer l'effort de la recherche d'un but par l'étude, l'expérimentation, le dévouement et la persévérance. Les marques sur son visage retracent le début et la fin de sa quête depuis le plomb de base jusqu'à l'or, en passant par les divers stades de purification de l'âme. Le symbole de l'or apparaît au milieu de son front, où le chakra du troisième œil est perçu.

Cette carte rappelle de rester concentré sur l'objectif et d'appliquer sans discontinuer l'autodiscipline requise. Cela en vaudra la peine à la fin.

# Soutien
# Supporter le poids des autres

*Ce n'est pas assez d'aider les autres à se lever,*
*il faut ensuite les soutenir.*

WILLIAM SHAKESPEARE, *TIMON D'ATHÈNES*, 1.1

## - CARTE 9 -

Cette carte représente l'offrande de la force et de l'assistance, ainsi que le fait de porter un fardeau à la place des autres. Il peut y avoir plusieurs formes au soutien que l'on apporte : moral, émotionnel, physique ou financier. Nous pouvons prêter nos épaules pour porter le fardeau ou nos oreilles pour partager le chagrin.

Ici, un bouffon offre ses épaules sur lesquelles la fille fait son numéro. Il la soulève et lui permet d'être le centre d'attention du public, sa posture courbée occupant délibérément la seconde place. Son identité non dévoilée, il fournit une contribution anonyme. En arrière-plan, trois cartes de la Force du tarot servent d'accessoires et réaffirment le message de la carte.

Bien que le geste et l'effort soient nobles, il y a des moments où nous devrions sortir de l'ombre et faire reconnaître le mérite de nos contributions. Vous n'avez pas à vous installer dans un rôle de sous-fifre. Prenez garde de ne pas laisser les autres profiter de votre générosité.

Savoir
Rechercher
Connaître les faits
Être prêt
Être prévenu

*Tout comme une grande bibliothèque en désordre n'est pas aussi utile qu'une petite bien rangée, vous pouvez accumuler une grande quantité de connaissances qui aura moins de valeur qu'une plus modeste, si vous ne menez pas une réflexion personnelle.*

ARTHUR SCHOPENHAUER

## – CARTE 10 –

Une partie du processus d'évaluation d'une situation se fait par l'utilisation de l'intuition et des dons psychiques. Mais certaines circonstances méritent une approche plus analytique. Une meilleure information et une plus grande compréhension des faits et du contexte d'une situation quelconque peuvent fournir une base plus solide sur laquelle prendre de meilleures décisions.

Il se trouve que le personnage de cette scène a consacré une dose nécessaire d'assiduité et se trouve doté d'une quantité substantielle d'informations.

Mais il se pose la question de savoir si tout cela n'est pas trop. On peut se retrouver débordé et prisonnier des détails, suffoquant sous le volume des digressions non essentielles, au risque d'analyser exagérément ou de ne pas voir la forêt derrière les arbres.

# Harmonie
# Équilibre
# S'accorder aux autres

*Il n'y a pas d'harmonie quand tout le monde chante la même note.*

DOUG FLOYD

## – CARTE 11 –

L'harmonie ne s'obtient pas dans la solitude ; elle nécessite une résonance ou une participation des autres liée par le temps, le rythme ou l'assentiment. Du manque de synchronisation résultent la disharmonie, la discorde et le conflit. Ces métaphores musicales peuvent facilement s'appliquer à d'autres actions et relations qui nous demandent de vivre, de travailler et de communiquer avec les autres.

Ajuster notre perspective et modifier notre position nous permet d'ignorer les différences et d'avancer en harmonie avec les autres. De ses doigts habiles, la bouffonne produit un arc-en-ciel d'harmonies mélodieuses, sa robe et sa feuille de partition œuvrant ensemble à diffuser le même message de son « plaisir »...

Prenez soin évidemment de faire des ajustements pour le bien commun. Il y aura des occasions où vous devrez prendre les rênes et où la représentation personnelle sera nécessaire.

# Merveille de la Création
# Protection
# Destin

*Les anges gardiens de la vie volent*
*si haut qu'ils sont hors de notre vue,*
*mais ils veillent toujours sur nous.*

JEAN PAUL RICHTER

## – CARTE 12 –

Un ange gardien est témoin de la naissance de celui dont il va superviser la vie. Il admire la merveille de la création et de sa signification. Tenant délicatement un incubateur mystique qui contient cette nouvelle vie, il comprend sa fragilité. Tel qu'il se trouve maintenant, il restera tout du long, offrant assistance et soutien, tout en sachant les limites de son influence.

Le sort et le destin sont à l'œuvre, les chakras et les zodiaques astrologiques entourent la sphère centrale, suggérant le rôle qu'ils joueront dans cette future vie. Mais cette merveilleuse mécanique est aussi humaine ; une grande part de sa manière de vivre et de ses réussites ne sera pas déterminée par le destin, mais par le libre arbitre et le choix.

# Productivité
# Contrôle
# Organisation

*Prends ton aiguille, mon enfant, et mets-toi à ton canevas ; il en sortira bientôt une rose. La vie est comme ça – un point après l'autre posé avec patience et le modèle ressort de lui-même comme une broderie.*

OLIVER WENDELL HOLMES

## – CARTE 13 –

Cette carte prend en compte l'assemblage d'éléments séparés, de personnes ou d'idées, depuis les nuances quotidiennes d'une dynamique familiale jusqu'à la gestion des salariés d'une entreprise.

Cette couturière victorienne manipule divers éléments, dont des fils de couleur. Elle les arrange de ses mains habiles, en tenant compte de leurs qualités individuelles. Elle obtient le meilleur de chacun et orchestre leur agencement en un tout harmonieux. En donnant à chaque fil un rang, une position et un but, elle les mêle en un unique arc-en-ciel. Sa beauté est une métaphore de l'accomplissement final, elle dépasse celle de ses composants d'origine pris séparément.

Méfiez-vous de trop contrôler, de trop intervenir ou de vous perdre dans les détails. Laissez chaque participant contribuer pleinement sans être écrasé par la position dominante d'une personne.

# Créativité
# Imagination

*Chaque jour est une nouvelle toile à peindre. Faites en sorte que votre tableau soit plein de vie et de bonheur, pour qu'à la fin de la journée, vous ne le regardiez pas en vous disant que vous auriez préféré peindre les choses autrement.*

RITU GHATOUREY

## – CARTE 14 –

Sous ses myriades de formes, la créativité est une expression de notre humanité et de notre imagination, à la fois dans sa production et dans sa reconnaissance. Prendre des formes, des couleurs, des sons, des mots et leur donner une nouvelle vie est un acte de création. Les nombreux symboles des outils et des moyens par lesquels s'exprime la créativité sont portés par notre artiste comme une coiffure décorative de son imagination.

Il arrive que la créativité consume nos pensées comme des braises à combustion lente qui attendent de s'enflammer. On assiste aussi parfois à une explosion spontanée de l'inspiration. Quelle que soit la méthode, c'est une merveilleuse caractéristique humaine et il existe d'infinies variétés de l'expression individuelle, mais aussi, hélas, une infinie variété de critiques extérieures.

# Adieu
# Au revoir
# Fermeture

*Pour toujours et à jamais, adieu, Cassius !*
*Si nous nous revoyons, eh bien nous en rirons ;*
*Sinon, voilà une séparation bien menée.*
WILLIAM SHAKESPEARE, *JULES CÉSAR*, 5.1

## – CARTE 15 –

Cette carte représente un adieu qui peut être une séparation définitive ou un au revoir temporaire. Une perte tragique ou une simple page qui se tourne peut mener à un nouvel avenir.

L'expression neutre de la femme ne nous fournit pas d'indice sur le contenu de son enveloppe. Un message d'adieu oui, mais reçu ou à envoyer ? La rose suggère une possible séparation d'amoureux, mais est-ce un au revoir final ou un simple « à bientôt » ? Comme toutes les scènes à l'aéroport le démontrent, les salles des départs tendent à être plus tristes que celles des arrivées. Les oiseaux en arrière-plan suggèrent qu'un retour est possible dans le futur.

Nos vies sont un flux constant d'adieux aux gens, aux lieux et aux objets, parfois avec regret, mais parfois avec enthousiasme quand ils sont remplacés par de nouvelles options.

# Distance
# Isolement
# Perspective

*La distance n'apporte pas seulement la nostalgie, mais également la perspective, et peut-être l'objectivité.*

ROBERT MORGAN

## – CARTE 16 –

L'éloignement physique ou le détachement émotionnel nous offrent une plus grande vision d'ensemble. La distance peut aussi donner une perspective globale plus claire que la proximité. De ce point de vue privilégié, nous voyons souvent la situation dans son ensemble et en tirons des conclusions différentes.

Une femme solitaire se promène sur une plage déserte, son isolement lui offrant un moment de réflexion. Loin de l'influence des autres, c'est une scène de contemplation personnelle. Les monolithes suspendus en l'air ouvrent une perspective et avec une emphase plus importante sur les distances qu'un ciel vide. Représentant peut-être les problèmes de sa vie, leur éloignement renforce l'isolement de la femme, mais lui fournit aussi la perspective et la clarté de vision qu'elle recherche.

Il nous faut trouver un équilibre quand nous évaluons une situation. Sommes-nous trop impliqués ? Devrions-nous faire marche arrière ?

# Équilibre
# Égalité

*Si je perds l'équilibre dans une pose, je m'étire plus haut et Dieu descend me stabiliser. Ça marche à chaque fois, et pas seulement au yoga.*

TERRI GUILLEMETS

# – CARTE 17 –

Malgré nos différences, en variant notre position, notre posture ou notre direction, nous pouvons trouver un groupe commun et interagir conjointement. Le processus est facilité par une participation des deux parties à l'unisson.

Un bouffon exécute sa danse. La force et le mouvement s'associent pour qu'il se stabilise d'un coup avec une parfaite aisance. Il équilibre deux masques de formes opposées dans ses mains. Malgré leurs différences fondamentales, sa danse les positionne de manière à transformer les opposés, et leurs formes s'harmonisent en une seule : le yin et le yang complémentaires.

L'équilibre par défaut nécessite une égalité d'objectif, de position et de désir. Chaque côté d'un point pivotant doit prendre en compte la position de l'autre. Si l'un des deux ne coopère pas, l'équilibre est rompu.

# Materner
# Prendre soin des autres

*Quand vous êtes mère, vous n'êtes jamais vraiment seule dans vos pensées. Une mère doit toujours réfléchir deux fois, une fois pour elle-même,*
*une fois pour son enfant.*

SOPHIA LOREN

## – CARTE 18 –

Cette carte peut représenter la nature protectrice d'une mère qui embrasse son enfant, d'un professeur qui guide son élève ou d'un patron qui forme son apprenti. Chacun d'eux équilibre le désir de protéger et de donner une direction à ceux qui sont sous sa garde avec la nécessité de laisser aussi la place à la croissance individuelle.

Nous pouvons les préparer, les informer, les conseiller, mais finalement, viendra le temps où nous devrons résister à l'envie de leur tendre la main pour plutôt les laisser tomber. Quand ils se relèveront de leur propre volonté, nous serons réconfortés de savoir que nous les avons bien éduqués.

# Contemplation
# Analyse
# Conscience

*L'homme est le seul animal dont la propre existence est un problème qu'il lui faut résoudre.*

ERICH FROMM

## – CARTE 19 –

Alors que nous partageons des caractéristiques communes avec toutes les autres entités vivantes et sommes indéniablement liés à elles, notre humanité se définit probablement au mieux par notre conscience de nous-mêmes. Nous seuls pouvons observer le ciel en contemplant notre rôle dans l'univers. Nous seuls avons la liberté de choix et sommes capables d'une pensée rationnelle au-delà de la survie et de la procréation. Nous seuls pouvons interroger des valeurs relatives et préférer le bien au mal.

Notre conscience est à la fois une bénédiction et un fardeau. Elle nous offre la capacité de réfléchir et de mettre en doute. Plus que toute autre entité vivante, nous avons la capacité de considérer les variables et options pour l'avenir, et d'être enthousiastes ou inquiets aux vues des possibilités.

# Croyance
# Foi

*La foi doit être appliquée avec raison.*
*Quand la foi devient aveugle, elle meurt.*
MAHATMA GANDHI

## – CARTE 20 –

Le concept de cette carte est le même que ceux des cartes de la Foi dans mes tarots. Une sélection de symboles religieux représente une gamme de croyances. L'ironie de ce dénominateur commun est tragique. Avec tant de souffrance infligée en leur nom, les religions ont bien des choses à se reprocher. Le bandeau représente la foi aveugle que de telles religions exigent de leurs adeptes, mais également l'aveuglement qu'elles montrent souvent envers les croyances des autres.

Tout cela est posé sur l'arrière-plan rouge de l'évolution darwinienne faisant ressortir les différents symboles dorés. Contradiction ironique pour montrer que le dénominateur commun de l'humanité est partagé par toutes les religions, et pour leur ajouter à toutes un point d'interrogation.

Dame Chance
Destin
Prendre des risques
Évaluer les probabilités
Superstition

*Pose-toi une question : crois-tu avoir de la chance ?*
*Alors, oui ou non, pauvre nase ?*
CLINT EASTWOOD DANS *L'INSPECTEUR HARRY*

## – CARTE 21 –

Cette carte concerne l'évaluation des probabilités et la prise de risques. La vie est un lancer de dés permanent, et il vous faut toujours peser le pour et le contre. Quand certains choix peuvent s'éviter, d'autres sont incontournables. Chacun contient ses propres promesses de récompenses ou de conséquences. Notre perception de nos chances est souvent influencée par nos capacités individuelles et nos croyances ou superstitions. Mais à la fin, seule la Dame connaît la carte qu'elle tient.

Dame Chance personnifie notre approche conceptuelle de la chance et du destin. Parée et entourée d'une collection de symboles associés, elle nous offre une nouvelle carte qui déterminera si nous avons une main gagnante ou perdante.

Comptez-vous trop sur la chance ? Avez-vous du mal à payer vos factures, tout en achetant quand même un billet de loterie ? Prenez-vous des décisions importantes sur le seul espoir que les choses tournent en votre faveur ? Si c'est le cas, bonne chance et croisez les doigts.

# Réflexions
# Regarder en arrière
# Sagesse de l'expérience

*Un être moral est celui qui est capable de réfléchir à ses actions passées et à leurs motivations – en approuvant certaines et en désapprouvant d'autres.*

CHARLES DARWIN

## – CARTE 22 –

Succès, échecs, erreurs et regrets appartiennent tous au passé et ne peuvent être changés. Il vaut mieux ne pas s'attarder sur certaines choses, et avancer. Pourtant, les mauvaises comme les bonnes ont leur valeur et ont contribué à faire ce que nous sommes. Elles offrent des leçons à assimiler pour prendre de futures décisions. La distance due au temps ajoute un contexte et une perspective pour une rétrospection nostalgique des événements passés.

Dans cette scène, un homme regarde une sélection d'images de son passé. Un projecteur ancien est chargé d'autres cartes de ce coffret. Comme son expression est neutre, on ne sait pas si ces images projetées évoquent pour lui des souvenirs chers à son cœur ou des regrets douloureux. Comme tout album ou catalogue du passé, c'est probablement un mélange des deux.

Ne restez pas dans le passé, il peut aussi y avoir une tendance à négliger certains détails et à se souvenir avec un parti pris émotionnel au lieu de privilégier l'exactitude.

# Fournir un abri

*Notre maison est un abri contre les orages – toutes sortes d'orages.*

WILLIAM J. BENNETT

## – CARTE 23 –

Notre relation au monde naturel est au plus bas, et l'espèce humaine s'en détache de plus en plus. Nos vies physiques sont devenues plus confortables grâce aux avancées techniques, mais nos vies spirituelles sont bien diminuées.

Une femme transforme son corps avec un arbre symbolique, car elle propose soutien et sécurité à la nature. La sincérité de son offre est acceptée et retournée dans une totale confiance. Cette interaction génère une lueur jaune. Au second plan, une licorne la remarque et l'approuve, mais ironiquement, il y a une intense émotion dans son regard. De tels actes sont donc si rares, pour que la créature magique s'en étonne ?

Malgré la tendance dominante, il reste un espoir puisque nous sommes au moins conscients de notre empreinte dévastatrice et que la reconnaissance augmente avec le désir de redresser la barre.

# Lâcher prise
# Offrir une porte de sortie

*S'aimer vraiment veut dire lâcher prise de toutes les attentes. Cela signifie une acceptation totale, et même une célébration de la personnalité de l'autre.*

KAREN CASEY

## – CARTE 24 –

Ayez le courage de le libérer : s'il s'envole, c'est qu'il n'a jamais été vôtre. S'il revient de sa propre volonté, vous savez alors qu'il était à vous.

C'est un vieil adage qui concerne une personne que l'on aime. Pour aimer et être véritablement aimé, l'amour doit être donné et revenir librement et inconditionnellement.

Cette image capture cet instant de libération. Le papillon reviendra-t-il ou sortira-t-il par la fenêtre ouverte ? C'est un moment émouvant qui demande du courage de la part de la fille qui l'a libéré alors qu'elle-même est en prison. Son scénario est représenté symboliquement par les pièces du jeu d'échecs. L'analogie de l'emprisonnement peut bien sûr s'appliquer à l'auto-incarcération. Nous sommes souvent prisonniers d'une cellule de notre propre fait, par la peur, la perception du devoir ou la loyauté à des personnes ou à des causes. Que nous soignions un proche ou soyons piégés par des circonstances financières, médicales ou autres, cela représente un emprisonnement émotionnel aussi réel que des barreaux aux fenêtres.

# Illusion trompeuse
# Confusion

*Ne vous laissez pas tromper ni influencer par ce que vous voyez autour de vous. Vous vivez dans un monde qui est un terrain d'illusions, rempli de faux chemins, de fausses valeurs et de faux idéaux. Mais vous n'êtes pas de ce monde.*

SAI BABA

## - CARTE 25 -

Nos expériences et notre façon d'interagir sont souvent indirectes et comme vécues à distance. L'interaction physique qui devrait normalement fournir à tous nos sens des réactions et des évaluations en retour est maintenant progressivement remplacée par des alternatives virtuelles. Depuis les courriels et les textos jusqu'aux réseaux sociaux, nos relations se définissent de plus en plus par l'interaction virtuelle qui peut déformer la réalité et se substituer à elle. Nous pouvons maintenant créer de nouvelles identités à l'envi.

Notre manière de quantifier les gens et les événements se fonde de plus en plus sur de nouveaux paradigmes qui entraînent une fausse perspective autant pour l'émetteur que pour le récepteur.

# Passé et futur
# Nouveau départ

*Vous n'avez qu'à tourner la page. C'est dur de savoir ce qui est arrivé autrefois et combien nous étions proches, mais on ne peut pas s'éterniser dans le passé. Le moment est venu d'écrire un nouveau chapitre pour l'avenir. Espérons que nous pourrons trouver une situation où nous serons tous heureux.*

DONOVAN McNABB

## – CARTE 26 –

On nous encourage souvent à vivre dans l'instant, à apprécier le présent et à ne pas trop nous attarder sur le passé ou l'avenir. Cependant, d'une certaine manière, le « présent » est la moindre conséquence des trois concepts ; ce n'est qu'un état abstrait où nous ne vivons qu'un court instant.

Dans ce moment arrêté, la femme équilibre des symboles des concepts durables du temps qui précède et qui suit le présent. D'un côté se trouve le passé, maintenant fermé et immuable, symbolisé par un livre entièrement écrit et ouvert à la dernière page. Mais il y a aussi un miroir, car le passé a encore de la valeur en tant que référence de réflexion, pour l'approbation et les leçons apprises. De l'autre côté se trouve une clé qui ouvrira les portes de nouvelles opportunités, ainsi qu'un livre vierge prêt à recevoir les futurs écrits.

# Attraction
# Magnétisme
# Engouement

*Pour chaque homme, il existe un appât*
*qu'il ne peut s'empêcher d'avaler.*
FRIEDRICH NIETZSCHE

## – CARTE 27 –

Cette carte montre une femme fatale, attrayante et séductrice. D'une certaine manière, nous l'avons tous rencontrée sous quelque genre et apparence. Peut-être même pas sous forme humaine, mais en tant que situation, lieu ou invitation à agir.

Nous sommes irrésistiblement attirés comme les papillons de nuit vers la flamme. Nous pouvons même savoir combien il est imprudent de tomber sous son charme. Ironiquement, cette suspicion de danger peut lui ajouter de l'attrait comme une parure supplémentaire. Et, faisant fi de toute prudence, nous sommes motivés et menés par le bout du nez.

Mais l'attraction seule peut être superficielle, c'est un engouement temporaire sans réelle substance. Une telle émotion manque non seulement de durabilité, mais en plus de sa brièveté, elle est chargée de danger et de répercussions. Pourtant, malgré tout cela, nous ne pouvons pas la rejeter complètement, et quand nous regardons de nouveau, elle est toujours là, attrayante et aguichante.

# Contact
# Tendre la main
# Liens spirituels
# Connexions

*Chaque contact avec un être humain est si rare,*
*si précieux, qu'il faudrait le préserver.*

ANAÏS NIN

## – CARTE 28 –

Dans cette vie, nous sommes esprit et nous sommes chair. Quand nous oublions que nous sommes les deux, nous souffrons inutilement. Cette carte indique un besoin de prendre le temps de méditer et de nous connecter à notre Être supérieur. Cela nous permettra de voir l'aspect spirituel chez les autres plus clairement et d'être capables de leur tendre la main plus facilement.

Un jeune homme est d'humeur contemplative. Le masque devant lui indique qu'il est sorti de son rôle habituel dans la vie. Une flamme près du masque représente l'éternité de notre nature et nous rappelle que tout ce que nous voyons dans ce plan terrestre n'est rien d'autre qu'un masque.

Il tient dans sa main droite une cloche de verre qui contient le visage d'une femme. Peut-être est-elle son Esprit guide, ou un amour d'une autre vie. Elle tend la main vers lui dans un geste d'amour et de tendresse. Il tient dans sa main gauche deux bâtons qui représentent la dualité de la nature humaine, et qui peuvent aussi indiquer qu'il possède suffisamment de volonté pour avancer dans la vie.

# Tentation
# Résister
# Pouvoir de la volonté

*Il y a un charme à propos de l'interdit qui le rend ineffablement désirable.*

MARK TWAIN

## – CARTE 29 –

Qu'y a-t-il dans cet ingrédient appelé « interdit » qui aiguise l'appétit ? Depuis le désir innocent d'un nouveau morceau de chocolat jusqu'aux fruits défendus plus significatifs d'un comportement social, nous sommes souvent tentés. Nous craquons, souvent au détriment de notre santé, de notre relation aux autres ou de notre bien-être en général. Notre capacité à voir derrière l'illusion, à peser les conséquences et à résister à la tentation est une mesure de notre capacité personnelle de volonté et de force de caractère. Succomber ou résister est un choix qui nous définit.

Un bouffon avec des cornes ouvre le rideau révélant un serpent et une pomme, symboles de la tentation et du péché originel. Une représentation de Salomé se manifeste comme une vision sortant d'un chaudron embrasé.

Quand nous arrivons à comprendre nos faiblesses et leurs raisons d'être, elles perdent le pouvoir de nous contrôler. Le diable devient simplement un homme au chapeau ridicule.

# Danger
# Peur

*Éviter le danger n'est pas plus sûr au bout du compte que de s'y exposer carrément. Les peureux se font avoir aussi souvent que les téméraires.*

HELEN KELLER

## – CARTE 30 –

Dans le noir, nos peurs grandissent en se nourrissant d'elles-mêmes. Notre imagination les entretient et leur donne forme. En retour, elles nous affaiblissent davantage ou déclenchent nos défenses.

Cette scène, clairement inspirée du Petit Chaperon rouge, renforce l'idée que le danger puisse ne pas toujours être évident ; il peut se cacher et se déguiser. Nous sommes parfois totalement bernés ou pris par surprise et nous en subissons les conséquences. Mais nous avons très souvent la sensation que tout n'est pas normal, que quelque chose ne tourne pas rond. Notre instinct de survie se déclenche et nos sens sont en alerte. Est-ce le temps de la prudence ou de la témérité ? Tout est-il en ordre ? Est-il celui qu'il prétend être ? L'offre est-elle trop belle pour être honnête ?

# Secret
# Confidentialité

*Toute relation entre deux personnes*
*ou deux groupes se caractérise par le degré*
*de secret qu'elle génère.*

GEORG SIMMEL

## – CARTE 31 –

Depuis le monde clandestin de l'espionnage jusqu'à l'intimité de nos pensées intérieures, nous essayons de garder nos secrets, mais cherchons à connaître ceux des autres. Le partage de telles confidentialités nécessite une démonstration de confiance, que ce soit entre nations, entreprises ou amis intimes. Dans le contexte des relations humaines, notre curiosité ou notre besoin de savoir peuvent venir d'un intérêt personnel ou du désir d'aider les autres. Pour réussir, il nous faut une clé qui fournira un accès à l'information recherchée. Cela peut être des faits et des chiffres, ou simplement une meilleure compréhension des circonstances. L'information peut être délivrée librement par ceux qui la contrôlent, ou retenue jusqu'à ce que nous ayons fait nos preuves. Cette clé peut prendre la forme de l'énigme ou du mot de passe crypté le plus complexe, ou du simple « tu peux me faire confiance » lancé à un ami dans l'embarras.

Sur cette carte, la gardienne est elle-même symboliquement un oracle. Elle possède les réponses que vous cherchez et peut vous fournir leurs clés d'accès. Mais avant cela, vous devrez prouver que vous êtes prêt. La recherche de grandes vérités, même celles de la découverte de soi, exige souvent de démontrer qu'on le mérite.

# Souvenirs
# Leçons apprises
# Choix opérés

*La mémoire… est le journal intime que nous transportons avec nous.*

OSCAR WILDE

## – CARTE 32 –

Une femme ferme les yeux en se remémorant des souvenirs précieux de son passé. Elle offre au monde tous les détails de ses pensées et sentiments, de ses succès et échecs, des bons et des mauvais moments de sa vie. Ses souvenirs flottent autour d'elle pendant que les pages de son journal intime tourbillonnent comme des feuilles mortes. Un médaillon ouvert laisse échapper une lumière dorée sur les images de ses amours perdues, mais jamais oubliées. Tenant dans ses bras sa poupée favorite toujours auprès d'elle, elle revit tout ce qui s'est passé.

Cette carte capture des moments de tendresse et de joies enfantines.

# Patience
# Attendre le bon moment

*Le temps est ce torrent dans lequel je vais pêcher. Je bois son eau, mais alors je vois le sable du fond et je remarque son peu de profondeur. Son mince filet s'écoule et disparaît, mais il reste l'éternité.*

HENRY DAVID THOREAU

# – CARTE 33 –

Une ballerine jette une canne à pêche dorée pour capturer un but ou un objet désiré. L'action est calme et planifiée, le rythme mesuré. Il n'y a ni précipitation ni heure butoir. Elle saura quand le moment sera venu, quand il sera approprié. Un martin-pêcheur, symbole de sérénité, l'accompagne dans son attente.

Malgré le désir de résultats, certaines occasions ou décisions ne doivent pas être menées avec précipitation. Nous devons les appréhender avec prudence ou contrôle, en attendant le moment opportun.

Il nous faut aussi veiller à ne pas être trop complaisants en dédiant trop de temps à l'attente d'un moment idéal, d'une personne ou d'une chose imaginaire. Nous pouvons rater des opportunités valables si nous les négligeons en anticipant l'arrivée d'une option hypothétique.

# Se libérer
# Poursuivre un rêve

*Un cheval est la projection des rêves à propos de nous-mêmes – force, pouvoir, beauté – et il possède la capacité de nous permettre d'échapper à la banalité de notre existence.*

PAM BROWN

## – CARTE 34 –

Se libérant enfin, un vrai cheval incarnant un véritable esprit intérieur s'échappe du manège qui représentait son existence jusqu'à cet instant. La ronde incessante s'interrompt enfin alors qu'il s'élance à travers son plafond de verre. Son évasion et sa transformation sont observées avec admiration et incrédulité, mais également avec envie par ceux qu'il laisse derrière lui.

Cette carte représente la routine abrutissante du quotidien, par exemple la répétition stupide du trajet matinal. Cette familiarité réconfortante dans une certaine mesure peut s'avérer étouffante et mener à la claustrophobie pour l'esprit intérieur. Nous nous échappons de temps en temps en rêvant d'autre chose, mais à un certain moment, nous pouvons agir sur nos rêves au grand étonnement des autres.

# Solitude
# Isolation

*Il n'y a que dans les eaux calmes que les choses se mirent sans déformation. Seul un esprit paisible offre une perception adéquate du monde.*

HANS MARGOLIUS

## – CARTE 35 –

Nous avons tous besoin d'un temps pour notre « moi ». La famille, le travail, les courses, la société... tout ça peut attendre. Pendant ces quelques précieux instants d'évasion, cela n'existe plus. Je suis seul, avec mes pensées pour uniques compagnes.

Un personnage solitaire est assis sous un dôme doré, sur une île de solitude séparée et distante des autres. Leurs formes se reflètent dans les eaux silencieuses au-dessous d'eux. Ici, la femme embrasse sa solitude qui lui offre pureté et clarté d'esprit. Il n'y a aucune distraction. Son livre est vide, elle n'a rien à lire ni à écrire. Seules des pensées vagabondes se présentent, abandonnées au vent qui les emporte tranquillement au loin.

Bien que de tels moments puissent revigorer et recharger l'esprit, veillez à ce que, par son degré et sa fréquence, la solitude ne devienne pas un isolement incontrôlé. Si la distance entre nous et les autres se fait trop grande, il peut être difficile de revenir vers eux.

Enfermement
Limitations
Restrictions
Complications

*Nous avons plus de force que de volonté ; et c'est souvent pour nous excuser à nous-mêmes que nous nous imaginons que les choses sont impossibles.*

FRANÇOIS DE LA ROCHEFOUCAULD

## – CARTE 36 –

Nous sommes empêtrés dans les obstacles, réels ou imaginaires, qui restreignent nos souhaits et nos actions. Que ce soit par ignorance, par manque de confiance ou à cause d'une peur paralysante, nous les laissons nous contrôler, nous limiter et nous emprisonner. Si nous pouvions seulement rassembler notre volonté pour les affronter, nous pourrions leur tenir tête et finalement les surmonter. Et nous serions de nouveau libres de nous envoler.

Voici un ange qui ne vole pas, ses ailes encombrées de problèmes, d'obstacles et de peur. Dans sa posture suicidaire, des rubans rouges s'entrelacent sur ses poignets comme des traînées de sang. Mais son emprisonnement est la conséquence de sa propre peur. Aveuglé par l'anxiété, il n'a pas conscience que l'épée toute proche pourrait couper ses liens et le libérer pour qu'il puisse s'envoler de nouveau.

# Relations
# Interactions avec les autres

*Quand vous avez l'impression qu'il manque quelque chose dans votre vie, généralement c'est plutôt quelqu'un.*

ROBERT BRAULT

## – CARTE 37 –

Notre vie est déterminée par nos relations : famille, partenaires, amis et adversaires. Chacun d'eux y entre un jour et passe comme une comète dans notre ciel. Certains luisent brièvement pour ne jamais revenir et disparaissent de notre mémoire. D'autres s'installent et restent en orbite.

Un appareil photo mécanique affiche ceux qui ont joué un rôle dans nos vies. Ses rotations complexes créent des combinaisons infinies pour représenter la présence et les séparations. Singeant les étapes d'une danse cosmique imaginaire, certains personnages resteront comme participants permanents, bien que leur proximité vacille et dépende de celle des autres. De nouveaux cadres viendront constamment s'ajouter, attendant d'en représenter d'autres qui entreront dans nos vies à l'avenir.

# Paix intérieure
# Un instant suspendu

*Elle sonne ! Un, deux, trois, quatre, cinq, six. Assez, assez, ma chère horloge ! Ton pouls a bien assez battu. Dors maintenant, repose-toi. Puisses-tu faire que le temps se fige aussi. Je ne te remonterai plus.*

BEN JONSON

## – CARTE 38 –

Perdus dans l'instant, fixant le vide, nous sommes complètement pétrifiés et absorbés par un point ou une action spécifique au loin. Dans cet état, nous oublions le temps et la réalité.

Une jeune femme assise sur une estrade entre deux colonnes fixe une libellule posée sur les fleurs au-dessous. Les mouvements de l'insecte deviennent le point de focalisation de son attention, la mettant dans un état méditatif dans lequel toutes les autres distractions disparaissent. Les chiffres sur l'horloge au-dessus d'elle se détachent, le décompte des heures qui passent est temporairement figé. Elle fait un avec son univers. Tous les soucis, les problèmes et la négativité s'effacent. Dans cet instant d'évasion, il n'y a que paix et tranquillité.

# Offrir du réconfort
# Guérir
# Prendre soin

*Porté par un ange, envole-toi loin d'ici… Tu es tiré des décombres de ta rêverie silencieuse. Tu es dans les bras de l'ange, puisses-tu y trouver le réconfort.*

SARAH McLACHLAN

## – CARTE 39 –

Pour une aile brisée ou un esprit abattu, le processus de guérison commence par le lien du soin et du réconfort. Par un mot gentil ou un geste tendre, offrez l'assurance de votre présence, faites savoir à l'autre qu'il n'est pas seul.

Une colombe blanche est tenue de manière maternelle par une femme aimante vêtue d'un rouge profond et dynamique. Le rouge de son habit et de sa coiffure rappelle la couleur du premier chakra, *muladhara*, associé à l'instinct de conservation.

Cette carte concerne le soin, que vous ayez besoin de nourrir votre âme par un moment de calme ou d'amusement, ou qu'une autre personne ait besoin de votre attention. Cette carte montre qu'en faisant tout ce qu'il faut pour bien vous ancrer, vous pouvez être un esprit nourricier.

Tenez délicatement dans votre main l'objet de vos soins, de crainte que tel l'oiseau effrayé, il ne s'envole au-delà de votre pouvoir de guérison.

# Temps
# Vie

*Le temps est un chiffre huit, avec au centre*
*la cité du déjà-vu.*

ROBERT BRAULT

# – CARTE 40 –

Le temps, voleur ultime, nous dérobe progressivement et ne rend jamais rien.

Une prêtresse encapuchonnée tend la main, nous offrant une vie sous forme d'un sablier. Sa forme suggère une nature cyclique qu'il suffit de basculer pour redémarrer. Pour les petits problèmes, c'est sans doute vrai et nous avons souvent un sentiment de répétition. Mais dans un sens plus large, le sablier n'est qu'une illusion. En réalité, ces modèles que nous percevons ne sont que des détours sur notre chemin. Nous voyons ici que le sable doré ne tombe pas seulement pour être récupéré, mais qu'une partie s'échappe et que finalement, le sablier se vide.

Le temps est une denrée qui ne nous appartient jamais vraiment, car c'est une chose que nous utilisons pour une période donnée. La seule manière de faire pencher l'équilibre en notre faveur est d'utiliser pleinement le temps qui nous est alloué avant qu'il ne nous soit retiré. Vivez chaque jour, chaque heure et chaque minute à son maximum.

# Identité
# Analyse de soi
# Se connaître

*Notre personnalité est bien cachée d'elle-même.*
*De toutes les mines de trésors, la nôtre*
*est la dernière à être creusée.*

FRIEDRICH NIETZSCHE

## – CARTE 41 –

Cette carte présente une image d'examen de soi. La question de ce que nous sommes peut avoir de multiples réponses, qui peuvent varier avec le temps et les circonstances. Nous portons des masques différents pour refléter faussement ou représenter honnêtement les myriades de versions de ce que nous sommes ou pouvons être.

Dans cette scène, nous voyons un reflet de nos diverses personnalités. Comme les poupées russes au-dessous, nous sommes des personnages à l'intérieur de personnages, chacun d'eux pouvant être le fac-similé saillant ou visible que nous choisissons de projeter en apparence à un moment donné. Par choix délibéré ou par réaction émotionnelle, nous récupérons un de ces masques. Dans cette scène, un choix simple et un sophistiqué sont disponibles, mais en réalité, il y en a beaucoup d'autres.

Le danger est de perdre le contrôle en certaines occasions. Des influences extérieures peuvent provoquer des états émotionnels. C'est alors, dans ces moments de vulnérabilité, que le masque nous choisit.

# Ambition
# Buts
# Inspiration

*Si vous voulez que vos rêves se réalisent, la première chose à faire est de vous réveiller.*

J. M. POWER

## – CARTE 42 –

Cette carte concerne un projet, un but, quelque chose qui nous enthousiasme, une raison d'être. Motivés par le besoin ou l'ambition, nous avons maintenant une chose à viser : le succès dans le domaine que nous avons choisi.

Une jeune artiste est couchée sur le sol dans une position quasi fœtale, probablement épuisée ou sur le point d'abandonner. Malgré le travail assidu et les répétitions qu'elle a remplis de ses efforts jusqu'ici, elle doute encore d'elle-même. Sera-t-elle meilleure un jour ? Pourra-t-elle y arriver ? Désespoir, doute et frustration assombrissent ses progrès. Peut-être ses efforts sont-ils entravés par d'autres limitations, physiques ou mentales, ou par des facteurs extérieurs. D'autres engagements la distraient ou lui prennent son temps.

Il est assez facile de rêver et d'établir des objectifs. La question est de savoir maintenant si ce rêve est vraiment réalisable ou si ce n'est qu'une oasis distrayante qui va simplement nous tourmenter sans jamais se laisser atteindre.

# Obsession
# Illusion
# Intérêt personnel

*Jamais la nature ne nous trompe ; c'est toujours nous qui nous trompons.*

JEAN-JACQUES ROUSSEAU

## – CARTE 43 –

Un rai de lumière pénètre dans une pièce obscure où se tient un personnage solitaire. Comme Miss Havisham dans *Les Grandes Espérances*, de Charles Dickens, cette femme vit dans le monde de son propre isolement. Ses reflets sont ses seuls compagnons. Elle s'enorgueillit et se rassure encore de ses fausses vérités. Les miroirs ne mentent pas, mais son obsession ne lui montre que les images qu'elle veut voir. Ses excès représentent un désir toujours plus grand de créer un idéal jamais atteint ou en réalité même pas voulu.

Nous devrions regarder dans le miroir pour voir notre véritable reflet, comme les autres nous voient, en retirant le maquillage psychologique de l'ego et de la vanité.

# Unisson
# Buts communs
# Valeurs partagées
# Union avec les autres

*Ce n'est probablement pas l'amour qui fait tourner le monde, mais plutôt ces alliances de soutien réciproque dans lesquelles les partenaires reconnaissent leur dépendance l'un envers l'autre pour la réussite de buts intimes partagés.*

FRED ALLEN

## – CARTE 44 –

Cette carte nous montre un sentiment d'appartenance. Nous sommes unis à notre entourage et à nos relations aux autres. Nous avançons ensemble dans la même direction vers un but commun. Notre présence est acceptée et bienvenue.

Une jeune fille traverse sans effort un lac entouré d'une grille, en compagnie d'un groupe de cygnes. Leur vitesse et leur direction à l'unisson, ils ne font plus qu'un esprit. Ils symbolisent la découverte de nouveaux amis, d'un groupe qui partage des idées similaires. Il y a une forte affinité entre les âmes du même avis.

Veillez à ne pas devenir un parmi tant d'autres, car leurs actions, leur direction et leur rythme pourraient ne pas vous convenir. L'endroit où ils vont pourrait ne pas être le meilleur pour vous.

Manipulation
Contrôle
Jouer un rôle
Pensée nostalgique

*À quoi bon rester seul chez toi ?*
*Viens écouter la musique.*
*La vie est un cabaret, mon vieux.*
*Viens au cabaret.*
PAROLES DU DRAME MUSICAL *CABARET*

## – CARTE 45 –

La vie est un cabaret, un théâtre, un spectacle. Nous jouons nos rôles de méchants ou de héros. Comme des marionnettes, nous sommes à la fois manipulés et manipulateurs, auteurs et interprètes du script. Nous partageons la scène pour certains actes et jouons en solo pour d'autres.

Dans cette parodie, nous pouvons créer des scénarios artificiels ou des œuvres planifiées. Nous pouvons nous transformer en quelque chose ou quelqu'un que nous ne sommes pas. Il peut y avoir un bienfait créatif en ce sens que nous sommes encouragés à réaliser nos rêves et nos souhaits. Le danger consiste à se confondre dans le rôle et à perdre le sens des réalités au-delà des portes du théâtre.

# Connexions
# Rassembler les pièces
# Arriver aux conclusions

*À la question de ta vie tu es la réponse, et des problèmes de ta vie tu es la solution.*

JOE CORDARE

## – CARTE 46 –

Une jeune femme est assise sur un pont, le point de connexion physique et métaphysique entre ici et là-bas. Son identité est initialement dissimulée aussi bien à nous qu'à elle-même. Elle est essentiellement en train de trouver son être véritable. Elle tend la main pour rassembler les pièces d'un puzzle et chacune d'elles lui donne des indices pour en découvrir davantage sur elle-même.

Nous essayons tous de comprendre notre place ici-bas en recherchant des connexions et des relations aux autres.

Progressivement, forts des échecs et des expériences sur notre chemin, une image commence à prendre forme. La confusion initiale fait place à une clarté de plus en plus grande. Le processus nous renforce et devient souvent plus facile et rapide au fur et à mesure que des pièces viennent s'ajouter, chacune à la place qui lui correspond. Finalement, nous arrivons au point où les choses se concentrent et commencent à prendre tout leur sens.

# Guérison
# Prendre soin
# Amitiés

*Le pouvoir de l'amour pour changer les corps est légendaire, folklorique, sensé et expérimenté au quotidien. L'amour remue la chair et pousse la matière à s'organiser. Tout au long de l'histoire, le soin tendre et bienveillant a été uniformément reconnu comme élément de valeur dans la guérison.*

LARRY DOSSEY

## – CARTE 47 –

Si la guérison est le fait de recouvrer son intégrité, et si l'amour est une voie de guérison, alors l'énergie curative d'une amitié bienveillante est un acte sacré. Cette carte est une indication pour donner ou recevoir l'énergie curative de l'amour.

Une femme semble dormir ou se reposer dans un cercle de lumière curative. Si nous pouvions voir l'énergie du reiki comme une lumière rayonnante, elle ressemblerait peut-être à celle-ci. Le cercle sans défaut suggère la perfection et la complétude.

Des mains se tendent pour aider et soigner. Elles suggèrent que l'une des raisons principales de notre présence sur terre est de s'aimer et de se soulager mutuellement. Un simple contact ou le geste tendre d'un ami a tellement de valeur !

# Choix
# Risques
# Conséquences

*Les hommes irritaient les dieux avec leur fierté, et pour les punir,*
*les dieux ont regardé Pandore ouvrir sa boîte*
*pour laisser le chaos s'installer.*

ANONYME

## – CARTE 48 –

Nous sommes souvent intrigués par un scénario aventureux. Cette carte décrit la curiosité, la tentation et l'envie de savoir. Il est naturel de vouloir savoir, ou d'avoir envie d'essayer, et la seule manière de trouver est de se lancer. C'est grâce à ce processus que nous progressons et évitons la stagnation. Mais il y a des causes et des effets.

Ici, une reine majestueuse ouvre un trésor en forme d'œuf, d'où s'envole une colonne de fées. Brillantes comme des lucioles, elles sont désormais libres. Mais nous ne savons pas si le résultat de leur libération se répercutera en affection ou en regret.

Nos actes ont invariablement des conséquences, bonnes ou mauvaises. Il faut donc trouver un équilibre. À moins d'essayer, vous ne saurez jamais et vous perdrez peut-être une opportunité, ce qui va vous ronger si vous n'y travaillez pas. Mais d'un autre côté, sommes-nous totalement conscients des répercussions possibles qui pourraient résulter de nos choix ?

# Assistance
# Aide
# Soutien

*J'ai senti un coup sec.*
*Tu dois être au bout de la corde.*
ANONYME

## – CARTE 49 –

Nous nous sommes entraînés et avons étudié. Nous nous sommes relevés après chaque chute pour essayer de nouveau. Le progrès est assurément fait de chaque effort et de chaque tentative. Mais il arrive que malgré tout, nous devions reconnaître le fait que nous ne pouvons pas tout faire par nous-mêmes.

Sur cette image, les colombes blanches sont des métaphores visuelles pour l'aide apportée. Le soutien physique qu'elles fournissent ici peut prendre la forme d'un encouragement émotionnel, d'une assistance financière ou d'un avis d'expert basé sur la connaissance ou l'expérience.

Le défi consiste alors à atteindre l'équilibre en offrant de l'aide, mais sans dépendance.

# Curiosité
# Comparaisons
# Insatisfaction

*L'une des choses les plus tragiques que je sais sur la nature humaine est que nous avons tous tendance à différer notre vie. Nous rêvons tous de quelque jardin de roses magiques à l'horizon au lieu d'apprécier celles qui fleurissent aujourd'hui à nos fenêtres.*

DALE CARNEGIE

## – CARTE 50 –

Nous sommes amenés, d'abord par curiosité puis par insatisfaction, à envisager des alternatives à notre condition présente. L'herbe paraît plus verte de l'autre côté de la clôture, du moins c'est ce que nous croyons. Il en est de même pour cette interprétation visuelle de l'histoire de la Petite Sirène. Le globe de verre lui fournit les moyens de découvrir un autre monde, un peu comme des vacances loin de chez elle ou une brève incursion dans un style de vie différent, et l'expérience peut s'avérer assez grisante. Cela peut laisser un certain mécontentement, ou donner de l'élan pour avancer et rendre ce changement permanent.

Mais soyons prudents en évaluant sérieusement notre envie de vivre dans ce nouvel environnement. Il nous faudra le juger pour ce qu'il est en réalité. L'attrait et la séduction de ces brèves rencontres pourraient ne pas survivre à un engagement à long terme.

# Messages
# Dates limites
# Anticipation

*Attendre, attendre, attendre. Toute ma vie, je n'ai fait qu'attendre que ma vie débute, comme si elle se trouvait toujours devant moi et qu'un jour, je la rattraperais.*

CAMRYN MANHEIM

## – CARTE 51 –

L'attente de l'arrivée d'un message peut générer de l'anxiété, de la peur, de l'espoir, de bonnes ou de mauvaises nouvelles, de l'acceptation ou du rejet. Le tic-tac de la pendule marque le compte à rebours.

Une jeune femme attend avec angoisse, et le chien endormi suggère qu'elle est là depuis un certain temps. Le téléphone est muet et le bouquet de roses laisse penser qu'une réponse a déjà été reçue, mais de qui ? Du même expéditeur ou d'un autre ? Quoi qu'il en soit, la réponse anticipée arrive enfin, mais la pendule indique maintenant que l'heure est passée. Juste à temps ou trop tard ?

Le processus de l'attente d'une réponse n'est pas le même que celui de passer son temps patiemment. L'immédiateté ou le retard d'une réponse peuvent également nous donner une vision au-delà du message lui-même. Une date limite imposée peut être liée à une condition ou à un ultimatum. Y a-t-il de la flexibilité ou l'opportunité est-elle gâchée ?

Direction
But
Objectifs
Faire le premier pas

*Si l'on avance avec confiance en direction*
*de nos rêves, et si l'on s'efforce de vivre la vie*
*que l'on s'imagine, le succès inespéré viendra*
*au moment opportun.*

HENRY DAVID THOREAU

## – CARTE 52 –

Buts et direction, objectifs et plans d'avenir, la vie sans eux serait stagnante et manquerait de sens. Avoir quelque chose à viser, à réussir, à envisager, qu'importe si la différence est faible entre une existence routinière et une vie bien remplie. Lire, apprendre, voir, expérimenter quelque chose de nouveau et poser des objectifs, voilà un programme pour demain. Même le plus long des programmes commence par un premier pas.

Réfléchissez aux raisons, aux options, à la direction choisie et commencez votre voyage.

# INTERPRÉTATION

La signification de chaque image de *L'Oracle des visions* est voulue aussi flexible que possible. J'ai donné mes descriptions personnelles, mais l'intention est que vous vous sentiez libre de trouver les vôtres. De plus, vos interprétations d'une carte donnée varieront aussi d'un tirage à l'autre en fonction des circonstances spécifiques.

Comme exemple de cette versatilité, à côté de ma description précédente de cette carte, voici deux nouvelles interprétations de la CARTE 1 fournies par des tirages différents.

## – INTERPRÉTATION 1 –

Une femme tient devant son cœur la robe des souvenirs. Ses yeux sont fermés quand elle repense au temps d'avant, quand elle se préparait à saisir sa chance, comme le Fou des cartes de tarot à ses pieds. Avant qu'elle n'ouvre les yeux pour regarder ce qui arrive ensuite, trois colombes de joie pure et de foi sont libérées. Pour l'encourager, elles volettent au-dessus de la boîte contenant ses possibilités illimitées qu'elle n'a pourtant pas encore testées.

La lune l'observe en arrière-plan. La femme respire et médite encore une seconde, puis elle entre dans le présent.

En cet instant, une décision est prise. Peut-être est-ce votre choix, ou le résultat du choix d'un autre ? Vous vous retrouvez de l'autre côté du portail, qui se referme derrière vous. Il n'y a pas de retour possible. Vous êtes provisoirement paralysé par la signification de ce moment. Vous devez rassembler votre courage pour avancer. Vous savez qu'il faut faire le prochain pas, bien que ce soit difficile et angoissant.

Nous sommes tous suspendus au bord du présent, toujours prêts à passer pour des fous à la poursuite de la perfection mystique. Qu'est-ce donc que chaque instant sinon une nouvelle chance du présent ? L'occasion de choisir d'être ce que nous sommes vraiment ? Fermez les yeux, connectez-vous à votre cœur et entrez-y pour prier en silence pour la force et une meilleure organisation du temps. Pouvez-vous retirer votre masque et abandonner la sécurité de votre robe protectrice ? Êtes-vous prêt à vous lancer ?

## – INTERPRÉTATION 2 –

Avez-vous du mal à commencer quelque chose ? Cette carte montre trois cartes du Fou sur le sol, chacune représentant le nombre zéro. Zéro est ce moment de l'éther avant qu'il n'arrive quoi que ce soit, avant qu'une idée ne naisse et ne prenne son envol. Il n'a pas de valeur numérique puisqu'il n'est pas encore arrivé. Comme il y a trois cartes du Fou, peut-être y avez-vous déjà réfléchi plus d'une fois ? Il y a aussi trois colombes, peut-être que les choses vous viendront en triple.

La lumière qui sort de la boîte montre l'éclat de votre rêve, de votre vision, qui veut s'envoler avec les colombes. Celles-ci représentent la paix, il est évident que vous en ressentirez quand votre rêve se réalisera. Cependant, vous tenez fermement votre cape de manière à protéger votre cœur. Que retenez-vous ? En quoi cela affecte-t-il l'expression de votre cœur et de votre âme ? Pourquoi restez-vous en retrait ?

La colombe représente également une forte période de clairvoyance et la capacité d'apercevoir le futur. La colombe nous berce tendrement et elle suggère de lâcher prise des tracas et de l'anxiété pour trouver la paix. Ne vous attardez pas sur le doute. Voyez plutôt la lumière de l'espoir et de la réalisation. Cela peut impliquer de passer un rameau d'olivier à quelqu'un, en signe de pardon, afin de pouvoir progresser.

Quand les colombes s'envolent, que se passe-t-il ? Voyez-vous une occasion ratée en les voyant partir ? Ou la liberté de prendre votre envol et l'espoir d'une libération personnelle par le mouvement et la réalisation de vos rêves ? Que reste-t-il dans la boîte ? Y aura-t-il quelque chose quand vous l'ouvrirez de nouveau, ou faut-il faire vite pour saisir une occasion inespérée ?

La lune porte beaucoup de tromperie. Elle paraît diffuser de la lumière, mais elle ne fait que refléter celle du soleil. Elle n'est pas ce qu'elle semble être. Elle peut créer des illusions et nous faire douter de nous. Comprenez quelles parties de votre inconscient se sentent isolées et incertaines, ou agissent sous l'empire de la peur. La lune change de nuit en nuit. Parfois elle enfle, puis elle décroît. Où en est votre vie en ce moment ? Vos opportunités grandissent-elles ou diminuent-elles ? Quand nous voyons à la lumière lunaire, nous ne distinguons pas le paysage dans son ensemble, parce que même la lumière argentée de la pleine lune projette de grandes plages d'obscurité. Il nous faut utiliser le contexte pour compléter ce que nous ne voyons pas. Relevez vos pensées subconscientes et l'impact qu'elles ont sur votre réalité. Remarquez comme vous remplissez personnellement ce dont vous n'êtes pas sûr afin de compléter votre vision.

Le masque de la femme dissimule sa véritable identité. Qu'y a-t-il sous le masque, que nous ne pouvons voir ?

Comment cela contribuerait-il à l'identifier ? En quoi cela la rendrait-il différente ? Qu'est-ce que cela dirait de vous si vous deviez retirer votre masque et montrer votre être véritable ?

La boîte est ouverte et quelque chose en est sorti, même si ce n'est qu'une vision lumineuse. Notez celles qui vous viennent et qui doivent être libérées. Cela peut demander plus d'une fois pour tout manifester puisqu'il y a trois colombes et trois cartes, mais elles indiquent la progression de l'envol : accélérer sur la piste de départ, quitter le sol et enfin s'élever dans le ciel.

A
-CARTE 36-

B
-CARTE 34-

C
-CARTE 30-

## Travailler les
# ASSOCIATIONS DE CARTES

La flexibilité de l'imagerie de l'oracle augmente de manière exponentielle lorsque l'on travaille avec des associations de cartes, où chaque image influence sa voisine immédiate, pour ensuite proposer une interprétation cohésive globale. Voici un exemple d'association de six cartes.

A. Vous vous sentez piégé par les circonstances, probablement par votre travail. Cependant, avec de la volonté et un effort suffisant, les liens doivent pouvoir se défaire.

B. Vous rêvez de vous libérer et de réaliser votre vrai potentiel. Dans ce scénario, cela peut marcher pour vous ou pour monter votre propre entreprise.

D
–CARTE 10–

E
–CARTE 5–

F
–CARTE 49–

C. La poursuite de ce rêve n'est pas sans risque ni sans danger. Si cela ne marchait pas, vous pourriez avoir grillé toutes vos chances. Et les répercussions pourraient affecter les autres autant que vous.

D. Pour minimiser les risques, faites des recherches et récoltez toutes les informations pertinentes qui vous permettront d'être aussi préparé que possible pour prendre votre décision finale.

E. Vous avez comparé les différents facteurs et considérations. Prenez maintenant votre décision. Faire ce saut de confiance débute l'étape suivante de votre voyage.

F. Tout va généralement dans la bonne direction, mais il peut y avoir des obstacles imprévus le long du chemin. N'hésitez pas à demander et à accepter de l'aide.

# CONTEXTE
## de mon voyage jusqu'ici

Le projet de *L'Oracle des visions* est le résultat direct du tournant de l'apprentissage qui a accompagné la production de mes trois coffrets de tarot précédents. C'est aussi le produit de plusieurs questions posées et des conclusions atteintes au cours de ce processus. J'ai conclu qu'il y avait un certain paradoxe inhérent à la création d'un outil divinatoire sous la forme spécifique d'un jeu de tarot. D'une part, c'est une catégorie qui est imprégnée de sa propre tradition. Le transformer ou s'en écarter peut comporter un risque. Cela peut embrouiller, voire rebuter ceux qui préfèrent une interprétation traditionnelle des images. Cela peut aussi déprécier un peu le côté mystique du tarot. D'autre part, une grande partie de cette imagerie est empêtrée dans des significations symboliques qui sont contestables et s'appliquent moins aux problématiques contemporaines. De nombreuses scènes décrites dans les jeux de tarot anciens étaient plus facilement reconnaissables et pertinentes dans les siècles passés, mais requièrent aujourd'hui une recherche et une assimilation de la part de ceux qui mènent les tirages. En travaillant à la création de mes trois coffrets de tarot, j'ai été confronté à chaque fois au défi de respecter la tradition sans en être esclave et de fournir une imagerie qui puisse s'interpréter intuitivement.

Ma relation au monde des cartes en tant qu'outils de divination, surtout au tarot, a commencé voici un peu plus de dix ans ; c'est bien peu comparé à certains dans la communauté du tarot. Cependant, je tiens à dire que cette période relativement courte a été témoin d'un engagement à plein temps qui, en termes d'heures accumulées, représente un investissement considérable. Pendant cette période, je me suis engagé dans une grande série d'activités annexes, depuis les recherches initiales globales en préparation de mon premier coffret, jusqu'aux études et expérimentations plus poussées en vue des projets suivants. L'histoire et le symbolisme inhérents à l'imagerie du tarot ont pris pour moi un intérêt grandissant et, comme avec beaucoup de choses dans la vie, plus j'apprenais, plus il me devenait évident qu'il y avait (et qu'il y a encore !) toujours plus à apprendre. Ironiquement, plus je progressais, plus je concevais des doutes et de la confusion quant à la relation entre l'histoire du tarot et le rôle de son imagerie passéiste dans une interprétation moderne. Même en considérant ces images comme des archétypes de l'expérience humaine présentée de manière traditionnelle, je me demandais si elles avaient encore une quelconque pertinence. Si ce n'était pas le cas, quels changements pouvaient leur être apportés pour qu'elles reflètent mieux les circonstances, croyances et valeurs contemporaines ?

Nous avons assisté à un déluge de tentatives de casser le moule au cours des trente dernières années, avec des variations sur le style, le contenu et le format pour apporter de nouveaux visages au tarot. Personnellement, je n'avais pas envie de passer mon temps à simplement produire une reprise prudente et proche du jeu existant. Mais en même temps, je partageais l'idée que le cœur du tarot venait en partie de son visuel et de ses liens conceptuels avec le passé.

Toutefois, juger un quelconque coffret nécessite quelque point référentiel de comparaison, si ce jugement doit servir un autre objectif que d'offrir une simple opinion personnelle. Cela demande une norme à partir de laquelle mesurer la distance entre une nouvelle version et un modèle précédent, et c'est en cela que tient mon dilemme personnel, à savoir équilibrer mon respect pour l'héritage du tarot et ma conviction croissante que son passé ne fournissait pas d'original vraiment définitif. Il n'y avait pas de point de départ qui puisse être retrouvé dans les brumes du temps pour arriver à quelque sacro-saint « premier jet » impeccable devant être défendu à tout prix ou dont une variante ait été faite dans une logique imparable. Au lieu de cela, il me devenait de plus en plus évident que la création de coffrets de tarot avait toujours été un processus en évolution, une accumulation de diverses modifications et altérations au fil du temps. Les changements reflétaient aussi de nombreuses nuances d'un pays à l'autre et d'un imprimeur au suivant, ainsi que des opinions plus personnelles et idéologiques des différents protagonistes clés le long du chemin. Cette compréhension m'a donné quelque latitude quant à ma propre expérimentation pour m'écarter des normes. Dévier de la tradition dans un quelconque domaine a tendance à recevoir des réactions mitigées qui vont du rejet total de la part des puristes à l'acceptation plus enthousiaste de ceux dont les points de vue sont moins rigides. Le tarot ne fait pas exception à la règle. De toute évidence, nous avons affaire à la fois aux attributions symboliques et au style artistique, qui sont des critères hautement subjectifs.

Certaines des critiques de mes clients résument les sentiments du premier groupe. Dans de nombreux cas, ils accusent mon manque de précision ou de cohérence par rapport au système Rider-Waite-Smith (RWS). Alors que je pensais avoir en fait conservé une forte proximité avec ce système. Garder le symbolisme au plus proche en recréant le coffret avec des variations plus légères que beaucoup d'autres avant moi, même en utilisant mon style personnel, était sans intérêt pour moi. Néanmoins, il semblait que pour certains, j'avais trop dévié de la norme acceptée. On peut donc en déduire que le RWS constitue la version correcte du tarot et que toute variante est par défaut incorrecte. C'est une chose que tous les aficionados des tarots de Marseille qui ont précédé les RWS trouveraient sans doute contestable. Cependant, pour avoir fréquenté pendant des années la communauté du tarot, je sais que c'est clairement un point de vue largement partagé. Avec les coffrets récents, cette adhésion ou pas au symbolisme et aux images classiques des piliers du tarot – de Marseille et RWS – a été le sujet de nombreuses conversations que j'ai pu tenir au fil des années.

Ces comparaisons visent la question centrale de ce qui constitue un jeu de tarot, alors permettez-moi d'y revenir. Comme je l'ai déjà dit, il n'existe pas un seul coffret original pur et correct. L'histoire du tarot est remplie de changements et de variantes basés sur des arguments nébuleux et des associations aux croyances religieuses et mythologiques, qui sont elles-mêmes fondées sur des références historiques encore plus ésotériques.

L'évolution du tarot depuis une existence initiale en tant que jeu de cartes pour passer par différents stades englobant des messages religieux, politiques, philosophiques et moraux est maintenant plus ou moins acceptée universellement. Les images des premiers coffrets italiens reflétaient les valeurs et la compréhension du monde par les penseurs d'alors. L'adoption et l'adaptation du tarot au fil du temps par des personnages comme Levi, Gebellin, Waite et Crowley ont introduit des tours et détours à mesure que chacun apportait ses propres variantes d'une interprétation logique et ésotérique. Malgré les références intellectuelles de ces personnes méritantes, leurs contributions ne m'ont pas convaincu que leur version du sens et de l'objectif historiques du tarot soit apparentée à une quelconque loi physique irréfutable comme l'est la vitesse de la lumière.

Au contraire, il n'existe aucune preuve à ma connaissance qui n'ait été présentée par ces grandes figures du tarot pour donner corps à leurs points de vue. Il me semble avoir affaire à des conclusions personnelles, conclusions qui s'ajustaient facilement à d'autres auteurs qui les avaient précédés et qu'ils désapprouvaient publiquement. Ces preuves de théories en concurrence ont simplement ajouté à mon scepticisme sur le fait qu'une chose était correcte uniquement parce qu'elle avait un statut quasi officiel d'« autorité historique ». Le tarot de Thoth, que beaucoup considèrent comme le troisième pilier de l'histoire du tarot, était fondé en partie sur ses affirmations d'une révélation lors d'un voyage en Égypte où il étudiait l'histoire antique, particulièrement *Le*

*Livre des morts.* Aussi intéressantes et convaincantes qu'elles aient pu être à cette époque, je ne peux m'empêcher de me demander ce que valent aujourd'hui ces affirmations.

Dans ses nombreux livres sur la symbolique du tarot (que je recommande vivement), Robert Place explique les différentes logiques à l'œuvre derrière le contenu, l'ordre et les associations des cartes. Pour apprécier pleinement le riche héritage du tarot, ce serait vraiment un sacrilège de ne pas avoir conscience de ce qui se cachait derrière ces images au cours des siècles passés. Cependant, il faut aussi comprendre leurs limites et leur pertinence par rapport aux valeurs et aux circonstances actuelles. Il existe plusieurs exemples, mais celle qui sert particulièrement à démontrer les variations de valeurs entre les premiers temps du tarot et le temps présent est l'utilisation du nombre sept. Le sept est un nombre puissant qui détient des associations mystiques dans de nombreuses cultures. Dans un certain jeu de cartes qui se joue encore en Italie, le sept de denier est l'atout de ce qui est aussi une suite d'atouts. Le sept de denier est la seule carte du jeu qui vaut un point par lui-même, en plus de tout pli gagné avec lui. Ce *sette bello*, ou « sept magnifique », est un numéro si souvent assorti de connotations positives qu'un train express porte son nom, ainsi que de nombreux restaurants italiens.

Après avoir lu les livres de Robert Place, de telles associations me sont devenues plus familières, surtout dans le contexte de la logique astrologique céleste de Platon et de sa corrélation avec l'âme humaine et sa progression dans les cieux. À la lumière de ces associations, la signification numérologique des arcanes majeurs prend tout son sens. Cela donne aussi du poids à la logique et au but de la transformation du jeu de cartes en un outil de divination. Malgré cette logique convaincante, il faut considérer également que la structure sous-jacente à cette « maison des cartes » est fondée sur la connaissance et les croyances d'une autre époque. Les arguments imparables utilisés pour fournir une logique exhaustive, unissant les besoins spirituels et les faits physiques en un tout cohésif, étaient aussi limités et possiblement altérés par les croyances et la compréhension de leurs partisans. Dans ce cas spécifique, la justesse du savoir astronomique sur lequel étaient basées les configurations et corrélations se limitait à la connaissance des sept planètes visibles à l'œil nu.

Un autre exemple est l'inconsistance du sens symbolique. Prenez le cas de la carte de la Force, qui fait partie des arcanes majeurs. Elle est aujourd'hui communément acceptée comme métaphore de la force de caractère plutôt que physique. Si c'est le cas, on peut affirmer que ce concept semble être bien peu communiqué dans les premiers jeux où l'on voit un homme brandissant une massue pour imposer sa volonté à un pauvre lion par des moyens physiques. Il y a bien sûr de nombreuses interprétations en tenant compte précisément de qui est illustré, et comment. Certains pensent que c'est Ludovico Sforza, le duc de Milan, et que cette carte serait une application précoce de la propagande politique proclamant visuellement sa force (de caractère) et son courage à affronter ces Vénitiens encombrants dont l'emblème était un lion. D'autres proposent même que l'homme ne soit pas en fait en train d'agresser la pauvre bête, mais plutôt qu'ils soient tous les deux en train de lutter contre quelque ennemi extérieur à la bordure de la carte. Cet argument-là me semble un peu tiré par les cheveux. Si c'était vraiment la signification, je crois que l'artiste se serait montré particulièrement inapte à la transmettre. L'interprétation la plus plausible est qu'il s'agit en fait d'Hercule combattant le lion de Némée pour l'un de ses douze travaux. De toute façon, le choix d'Hercule semble réellement montrer une tentative de symboliser la force par le biais d'une prouesse physique – qualité à laquelle il est associé – plutôt qu'à une description de la force de volonté pour laquelle la relation homme/animal est maintenant communément acceptée.

De nombreuses autres inclusions d'animaux, d'oiseaux, de fleurs et de fruits dans l'imagerie du tarot ont très certainement leurs explications mythologiques et historiques, ainsi que l'utilisation de couleurs spécifiques et de leurs associations élémentales. Incontestablement, une compréhension plus poussée de ces codes mène à une meilleure appréciation de leur héritage et de la pertinence liée à leur époque.

Cependant, juger des mérites d'un jeu contemporain en se basant sur son observation de ces normes passées, et conclure que leur omission ou leur substitution le rend inexact est une approche douteuse. En dépit des inexactitudes, rejeter tout bonnement le passé serait également regrettable ou du moins, cela saperait les valeurs issues d'un système et d'un format établis, qui forment l'essence même qui le définit comme tarot. Je n'étais donc arrivé à aucune conclusion ; mon dilemme continuait.

Pour toutes ses inconsistances et ses variantes au fil des siècles et pour tous les doutes qui peuvent être levés, acceptés ou débattus sur les détails, l'essence générale du tarot se trouve dans une tradition unique et globale. Cette mystique du passé formait une grande part des valeurs et des caractéristiques du tarot. Comme un film hollywoodien avec ses décors et son accompagnement musical, les images traditionnelles du tarot sont des déclencheurs émotionnels qui nous préparent au niveau subconscient. Dans les films, au-delà de l'action et des dialogues concrets, nos réactions aux scènes décrites dépendent de la manière dont elles sont délivrées. L'histoire et la tradition visuelle du tarot servent un but similaire – au-delà de la signification concrète des images, elles offrent une mise en scène qui améliore leur interprétation.

# APPROCHE

De nombreuses personnes sont surprises d'apprendre qu'en fait, je ne suis pas cartomancien. L'importance de ce fait est un sujet à débattre. Certains peuvent affirmer que le tarot doit être compris et apprécié avec la perspective du praticien pour rendre justice au processus créatif. Pourtant, j'ai acquis une grande confiance dans mon rôle d'observateur extérieur. En fait, je considère qu'un tel point de vue offre des avantages, car il me permet certaines perspectives qui peuvent échapper à ceux qui sont intimement connectés au sujet de l'intérieur.

Mon approche a été d'essayer de comprendre ce que les cartomanciens et leurs clients attendaient réellement des cartes et des tirages, afin de fournir une imagerie qui enrichisse cette expérience. Pour cela, j'ai recherché activement l'opinion de nombreux praticiens. Ma participation à des réunions locales de groupes de tarot et à des conférences sur le sujet, à la fois aux États-Unis et en Grande-Bretagne, m'a donné l'occasion d'interagir avec plusieurs centaines de praticiens, des débutants aux plus grands partisans du tarot moderne. J'ai participé à de nombreuses conversations enrichissantes et reçu des conseils et des indications par des gens comme Rachel Pollack, Mary Greer, Ruth Ann et Wald Amberstone de l'École du tarot, pour ne citer qu'eux. J'ai également pu discuter et comparer les approches d'amis artistes qui ont créé un bon pourcentage des coffrets contemporains édités au cours de la décennie passée.

De plus, ma relation avec les plus grands éditeurs de tarot, associée à mes propres efforts d'autoédition, m'a offert une vue approfondie sur le profil de ce marché. J'ai reçu des informations cruciales par le biais de communications directes et d'avis des clients par les réseaux sociaux. Cette interaction à multiples facettes avec le marché du tarot m'a offert une vue d'ensemble et finalement un sentiment plus précis de ce qui marchait ou ne marchait pas et des sortes d'images parmi les formes existantes qui représentaient réellement la grande majorité des enthousiastes du tarot. C'étaient tous des facteurs dont j'ai tenu compte pour chacun de mes nouveaux projets.

Avec la production de mes trois derniers coffrets, j'ai toujours essayé de respecter cette tradition tout en cherchant de nouvelles approches. Je l'ai fait non pas dans un but de nouveauté, mais pour expérimenter de nouvelles manières de raconter l'histoire du Voyage du Fou. Je crois que j'ai ouvert la voie avec l'introduction de médias interactifs, de cartes animées et de vidéos pour accompagner ces coffrets. J'ai aussi innové pour l'imagerie elle-même, en changeant les associations de couleurs, en remplaçant le Hiérophante par la Foi dans les arcanes majeurs du tarot des rêves et par l'Héritage dans le tarot divin, et en essayant de manière générale d'ajouter des touches de style et d'interprétation personnelles.

L'absence d'origine absolue pour le tarot, que j'ai abordée plus tôt, a également constitué une opportunité de création.

Je trouvais que sa transformation progressive du simple jeu de cartes à son rôle actuel ne rendait pas vraiment justice au mystère inhérent qui lui est associé. Je me demandais à quel point il serait plus envoûtant si son histoire était réellement fondée sur quelque chose de tangible dans le passé, à quel point il serait plus significatif s'il avait vraiment eu un objectif historique original reconnu. C'était la logique et l'objectif soutenant le contexte qui accompagne l'Héritage du tarot divin. Cela offrait une base et une association pour les images, un monde auquel les scènes et les personnages pouvaient correspondre. À l'intérieur du cadre fictif que je créais, cela fournissait finalement une raison pour la création initiale du tarot et une pertinence correspondante pour son usage continu.

Néanmoins, avec l'accomplissement de ce projet, j'ai senti aussi que j'avais atteint une limite personnelle dans ce que je pouvais faire en termes de création de coffrets de tarot. Et pourtant, j'avais envie d'expérimenter encore la production d'images pour la méditation et la divination, mais je sentais que je ne pouvais plus continuer dans le système structuré et le format qui définissent le tarot. Un coffret de cartes oracle offrait, de son côté, un canevas plus ouvert. Et nous voilà revenus à l'introduction de ce livret d'accompagnement.

J'ai l'espoir que cet *Oracle des visions* sera aussi riche et intéressant pour vos tirages qu'il l'a été pour moi pendant sa création.

# REMERCIEMENTS

Un grand merci à tous ces amis sur Facebook et autres réseaux sociaux, qui ont accompagné le développement de ce projet. Leurs commentaires et observations ont fourni un panel de réactions utiles et m'ont encouragé.

Une mention spéciale à Connie « Garnet » Schaeffer, Christiana Gaudette et Mary Collins, trois membres actifs et renommés de la communauté du South Florida Tarot qui, avec Donnaleigh de LaRose, de Beyond Worlds Tarot Tribe Podcast, ont apporté leur assistance inestimable à la direction générale de ce livre.